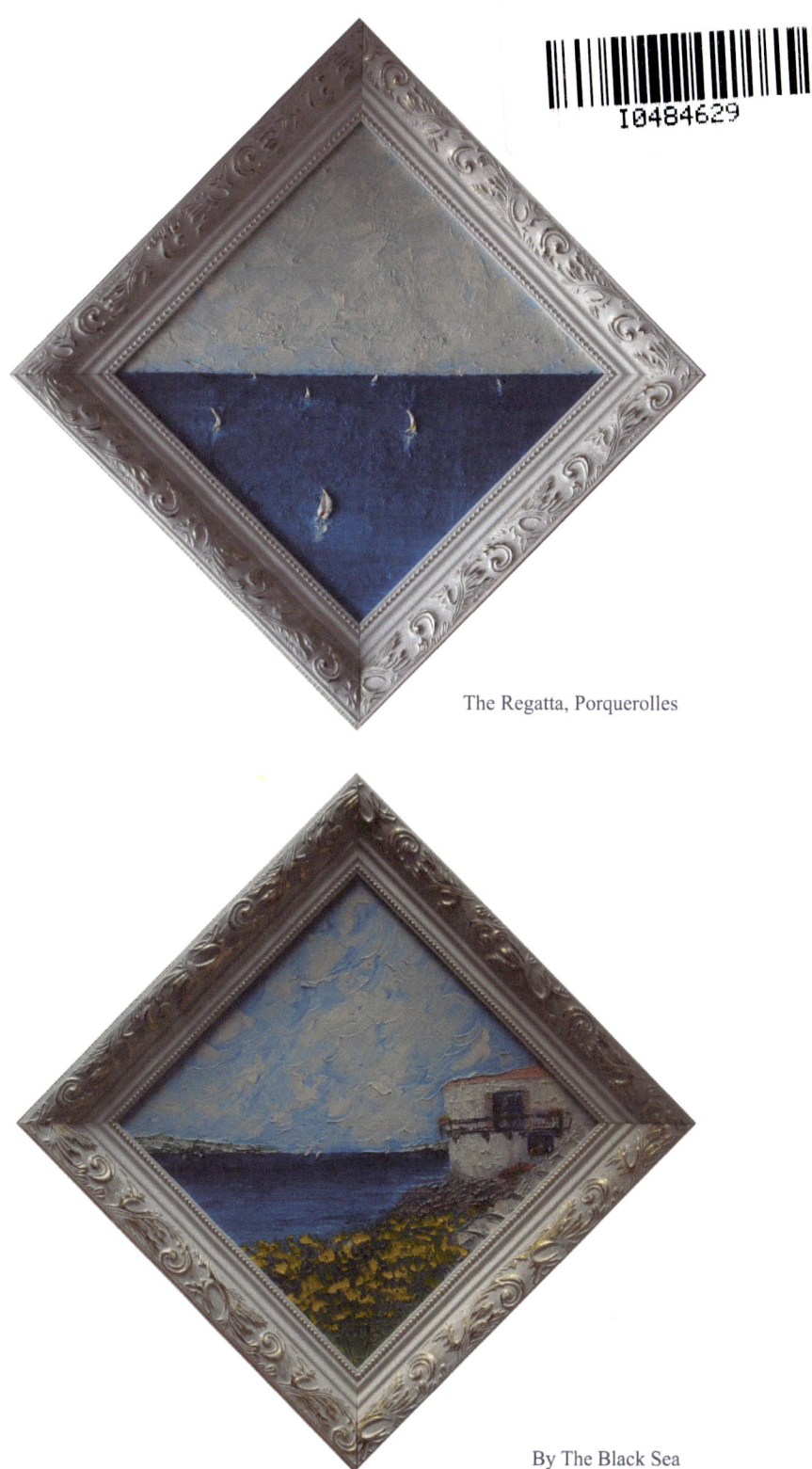

The Regatta, Porquerolles

By The Black Sea

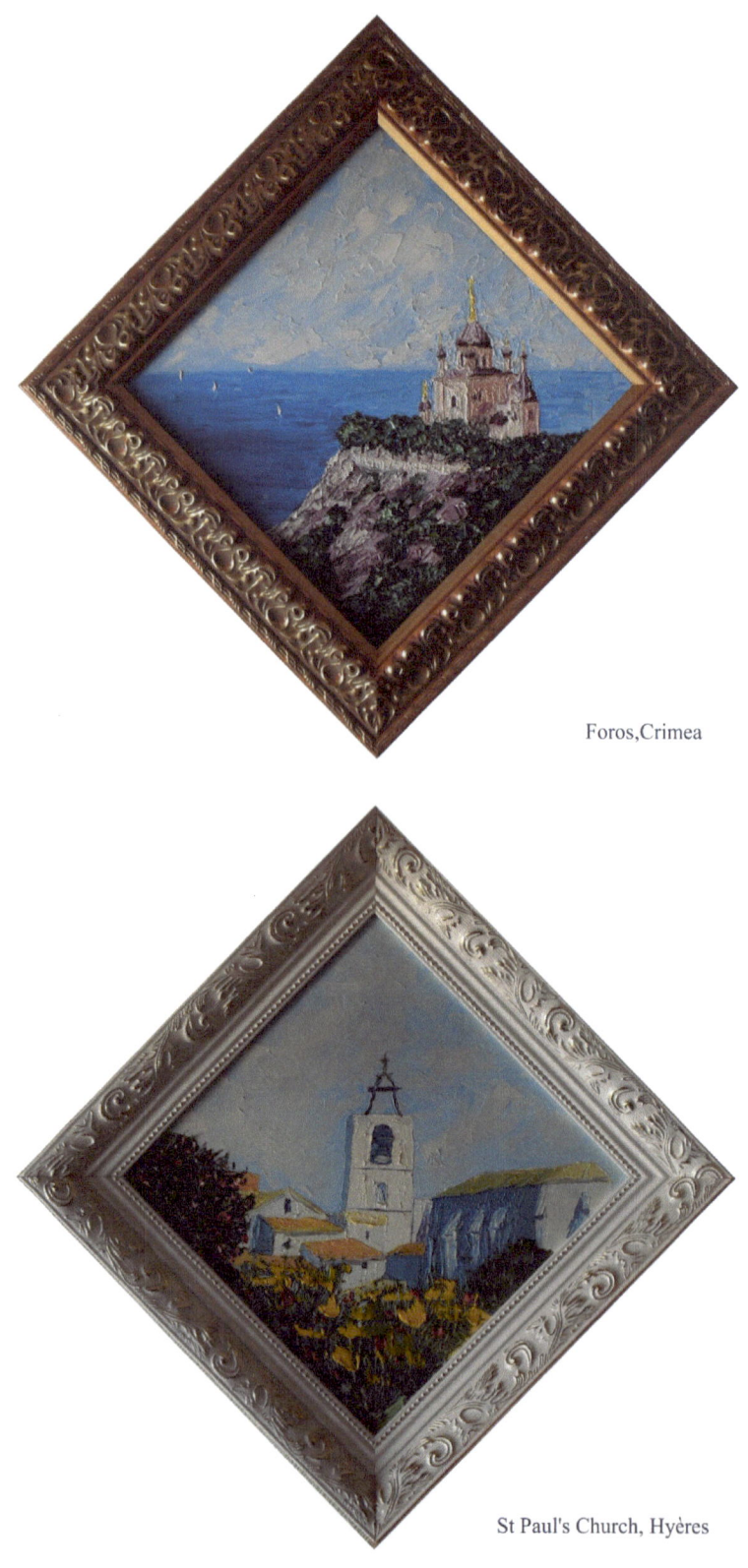

Foros,Crimea

St Paul's Church, Hyères

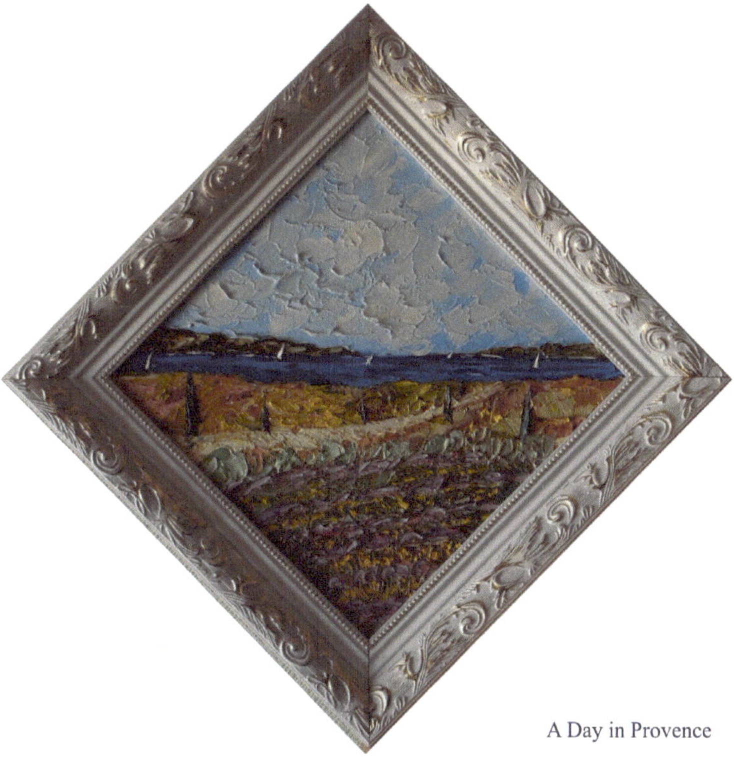

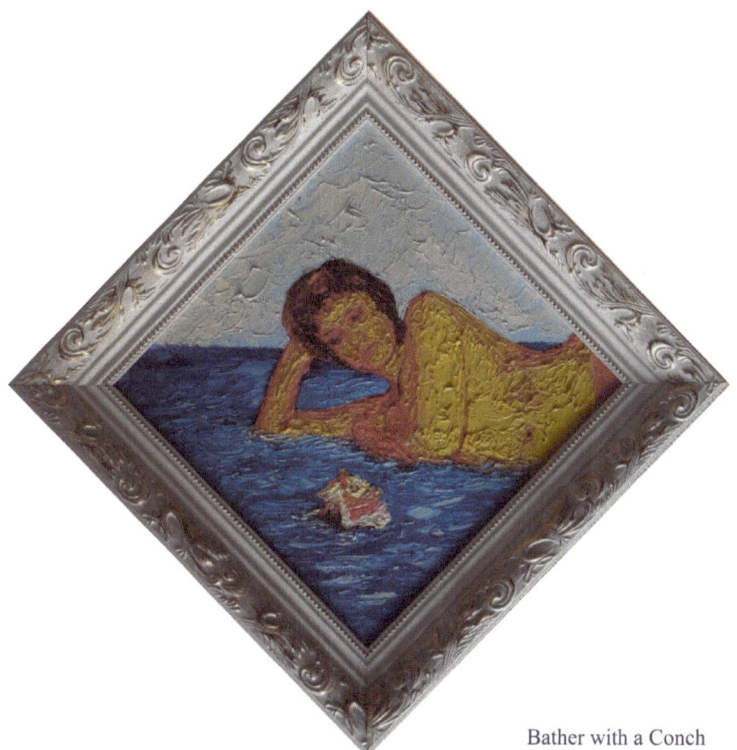

A Day in Provence

Bather with a Conch

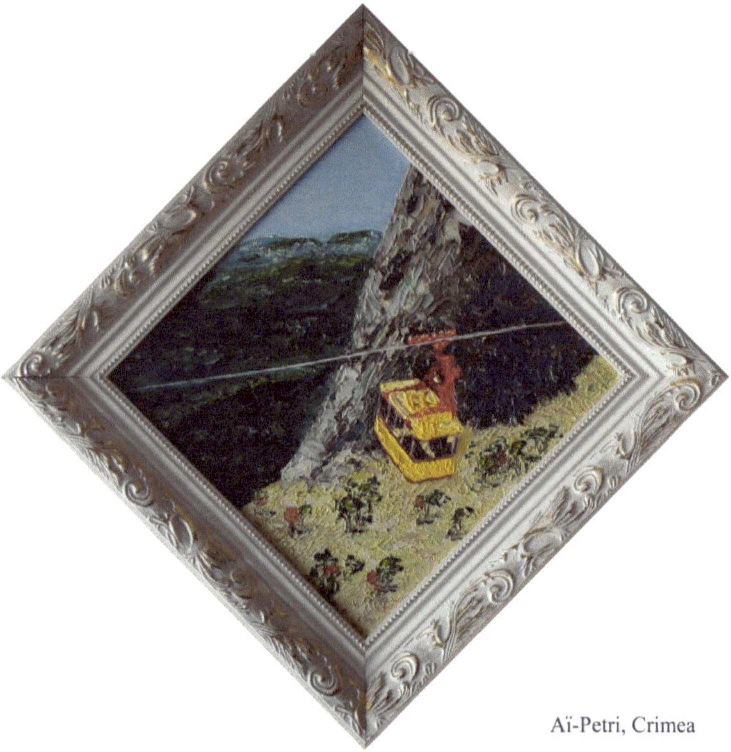

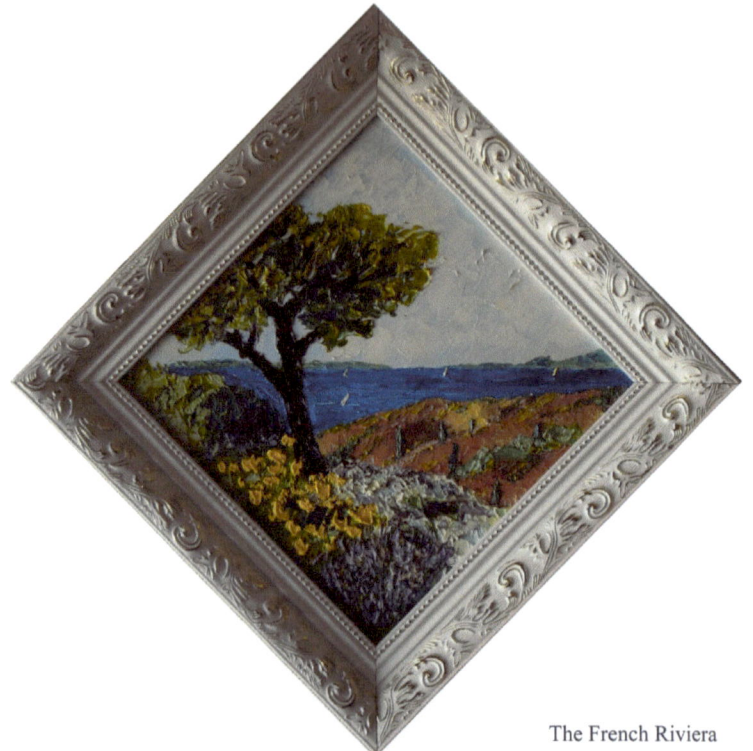

Aï-Petri, Crimea

The French Riviera

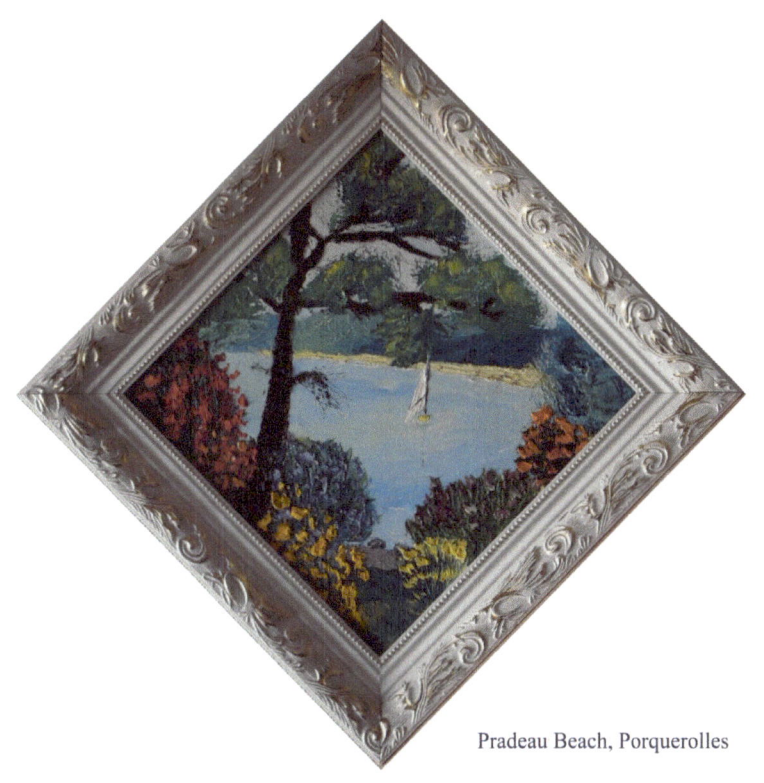

Pradeau Beach, Porquerolles

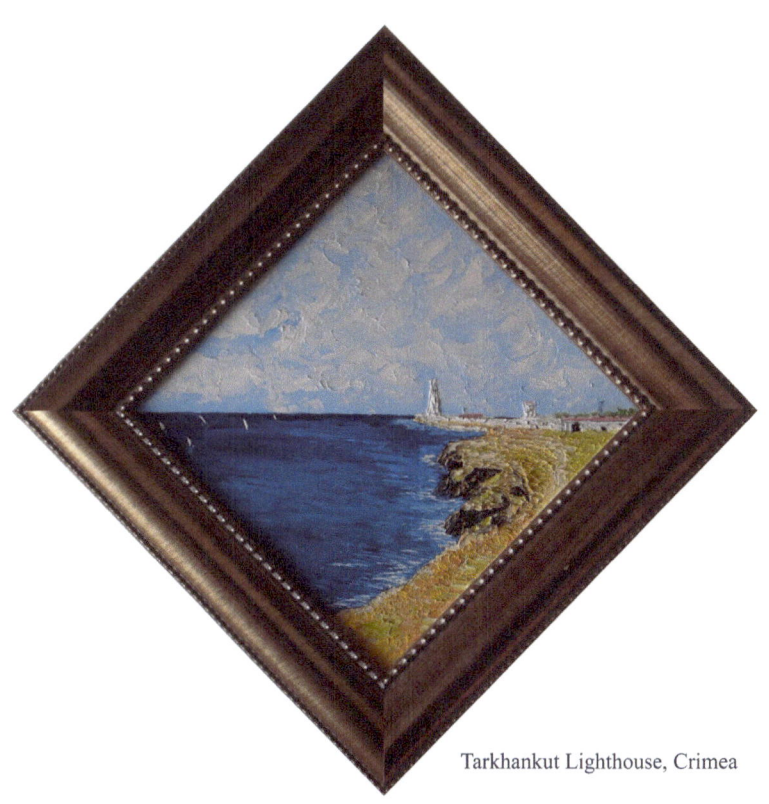

Tarkhankut Lighthouse, Crimea

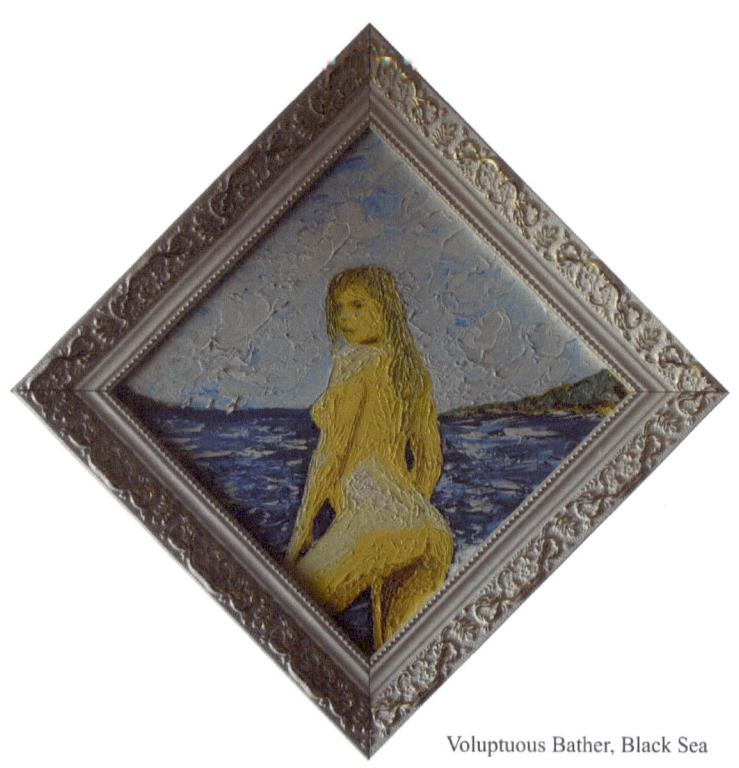

Voluptuous Bather, Black Sea

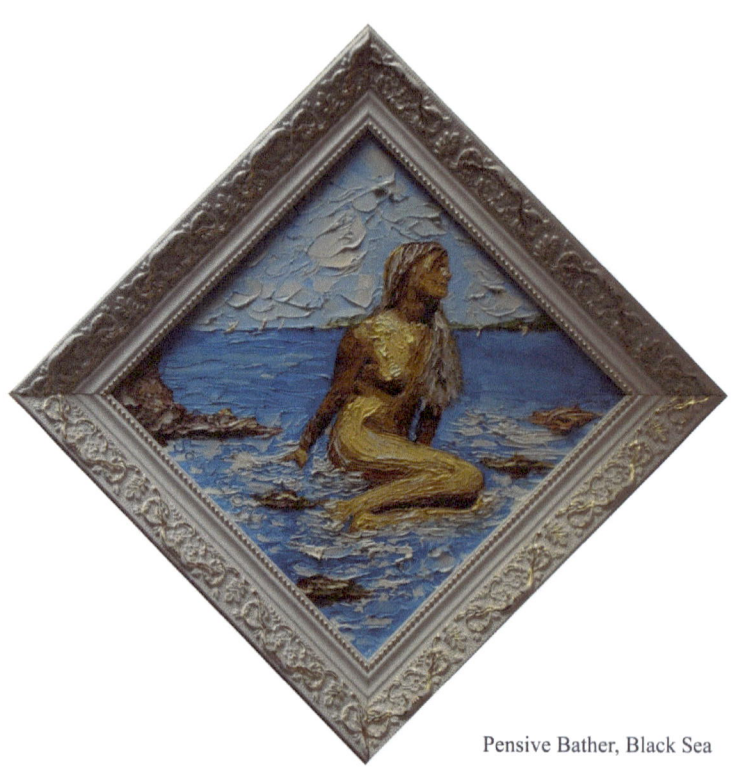

Pensive Bather, Black Sea

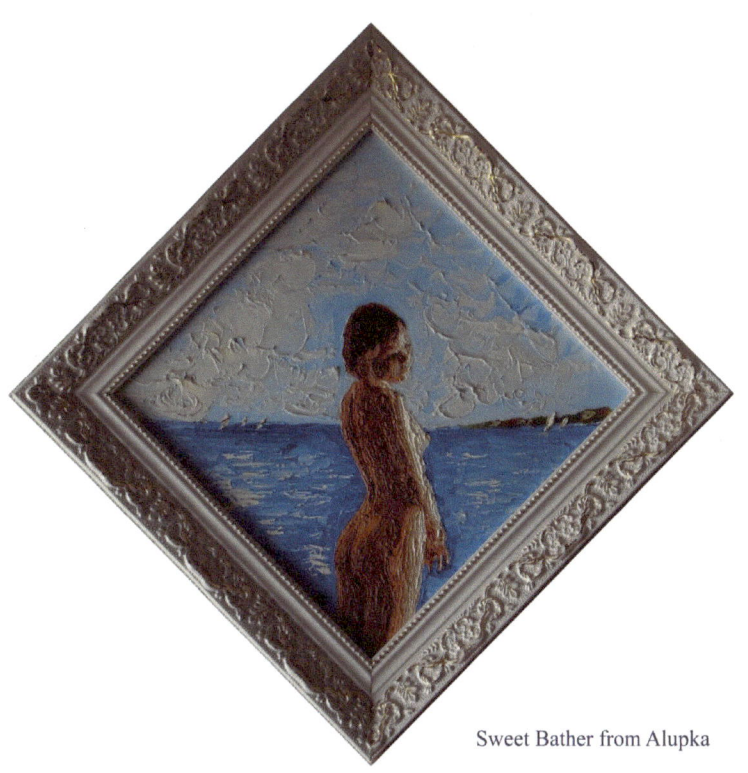

Sweet Bather from Alupka

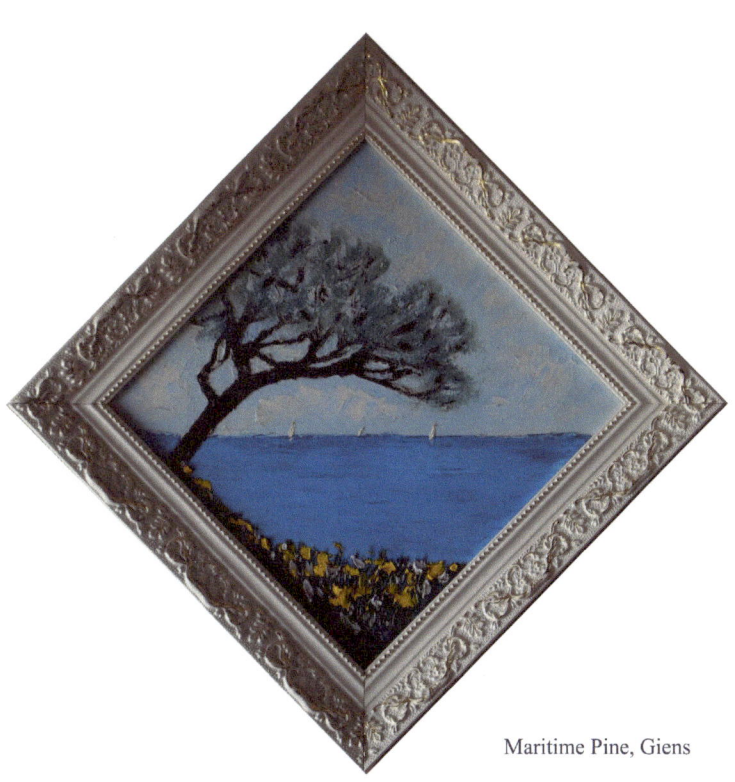

Maritime Pine, Giens

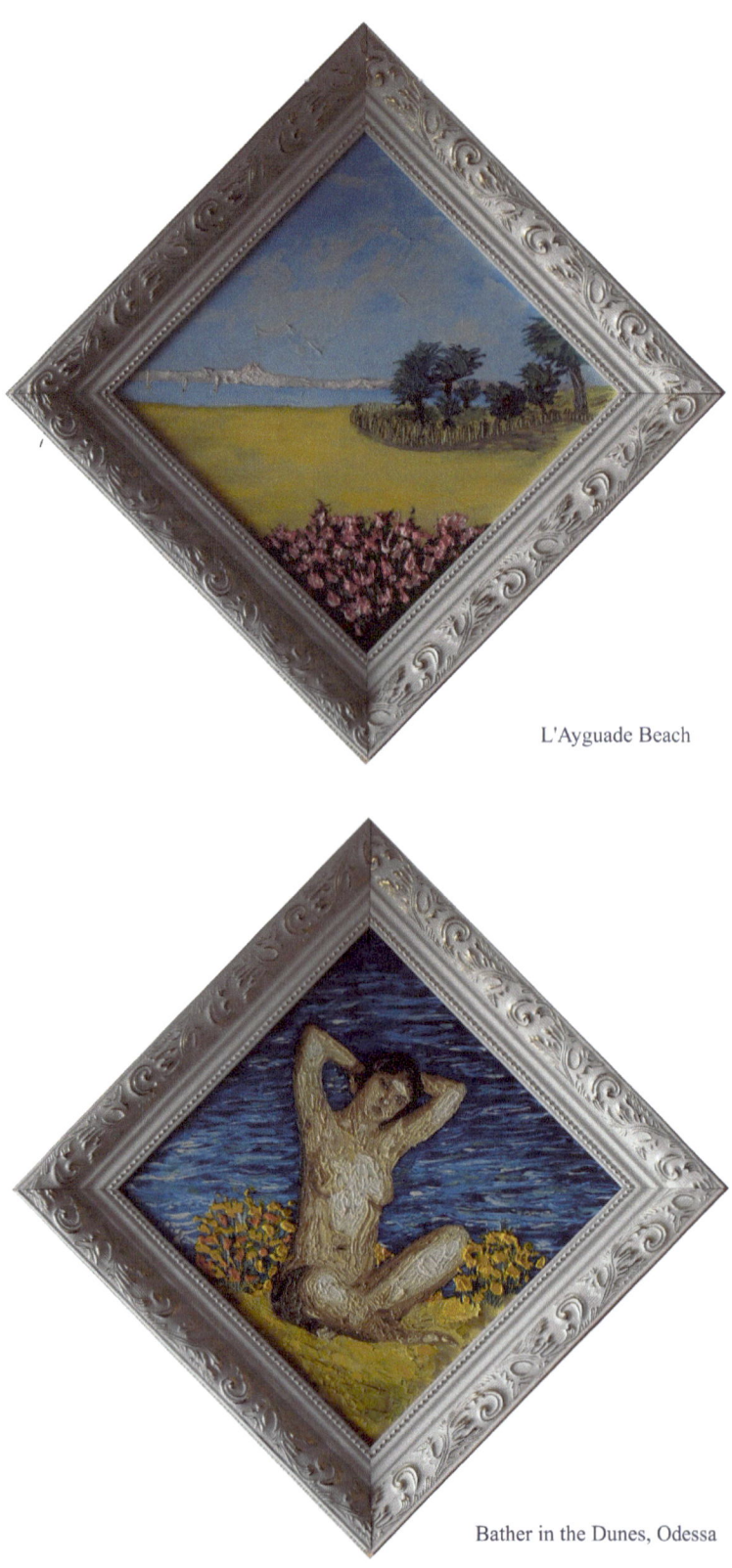

L'Ayguade Beach

Bather in the Dunes, Odessa

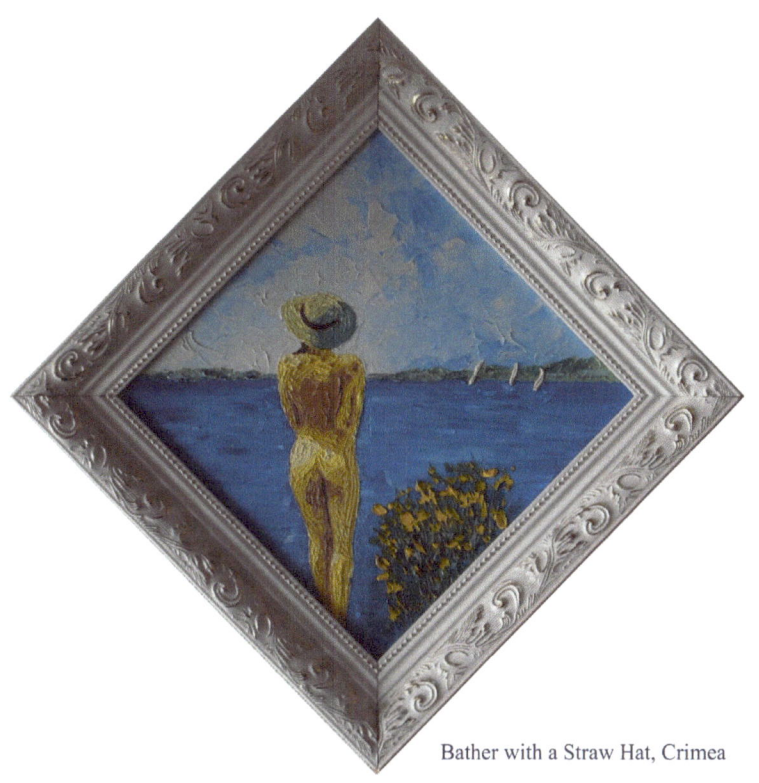

Bather with a Straw Hat, Crimea

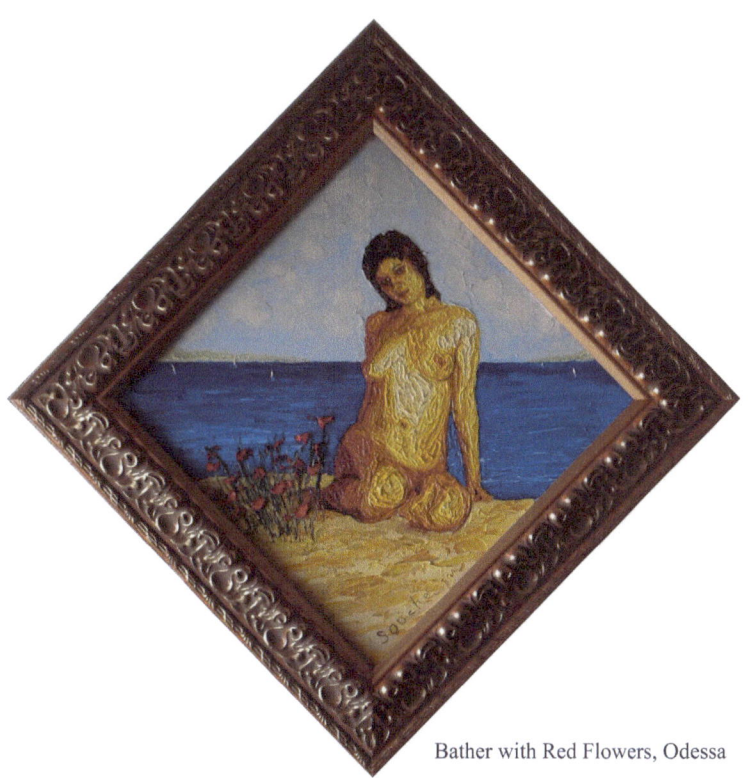

Bather with Red Flowers, Odessa

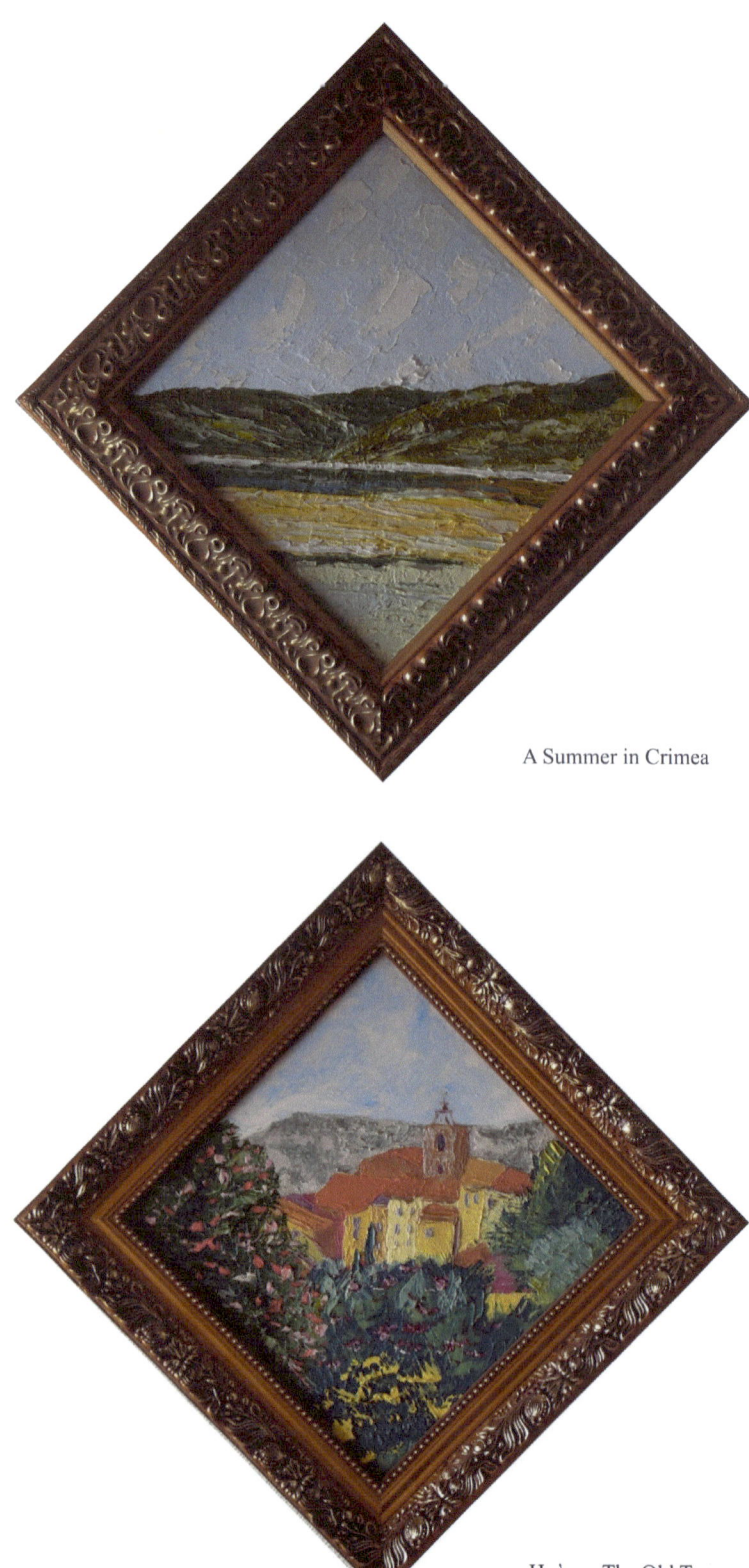

A Summer in Crimea

Hyères, The Old Town

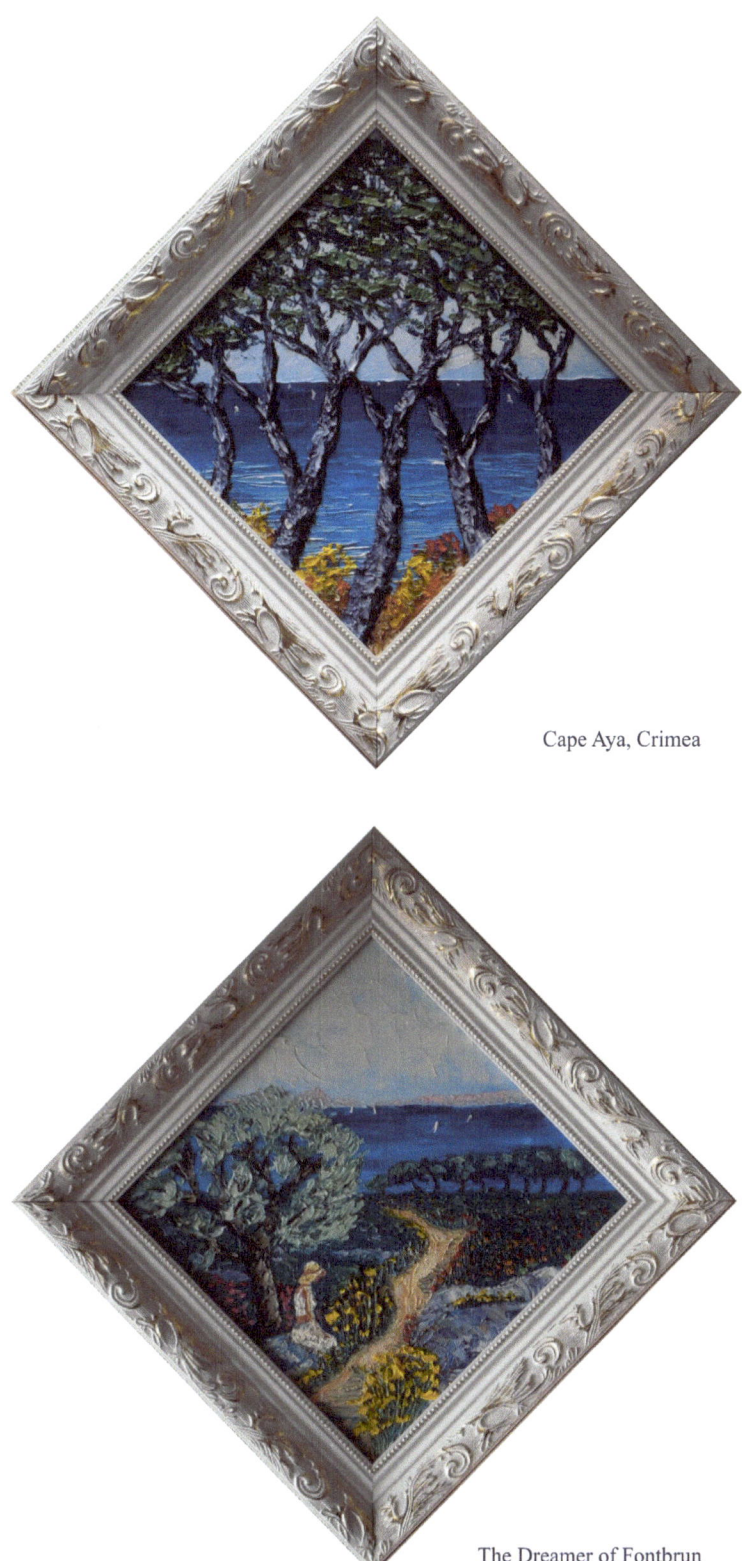

Cape Aya, Crimea

The Dreamer of Fontbrun

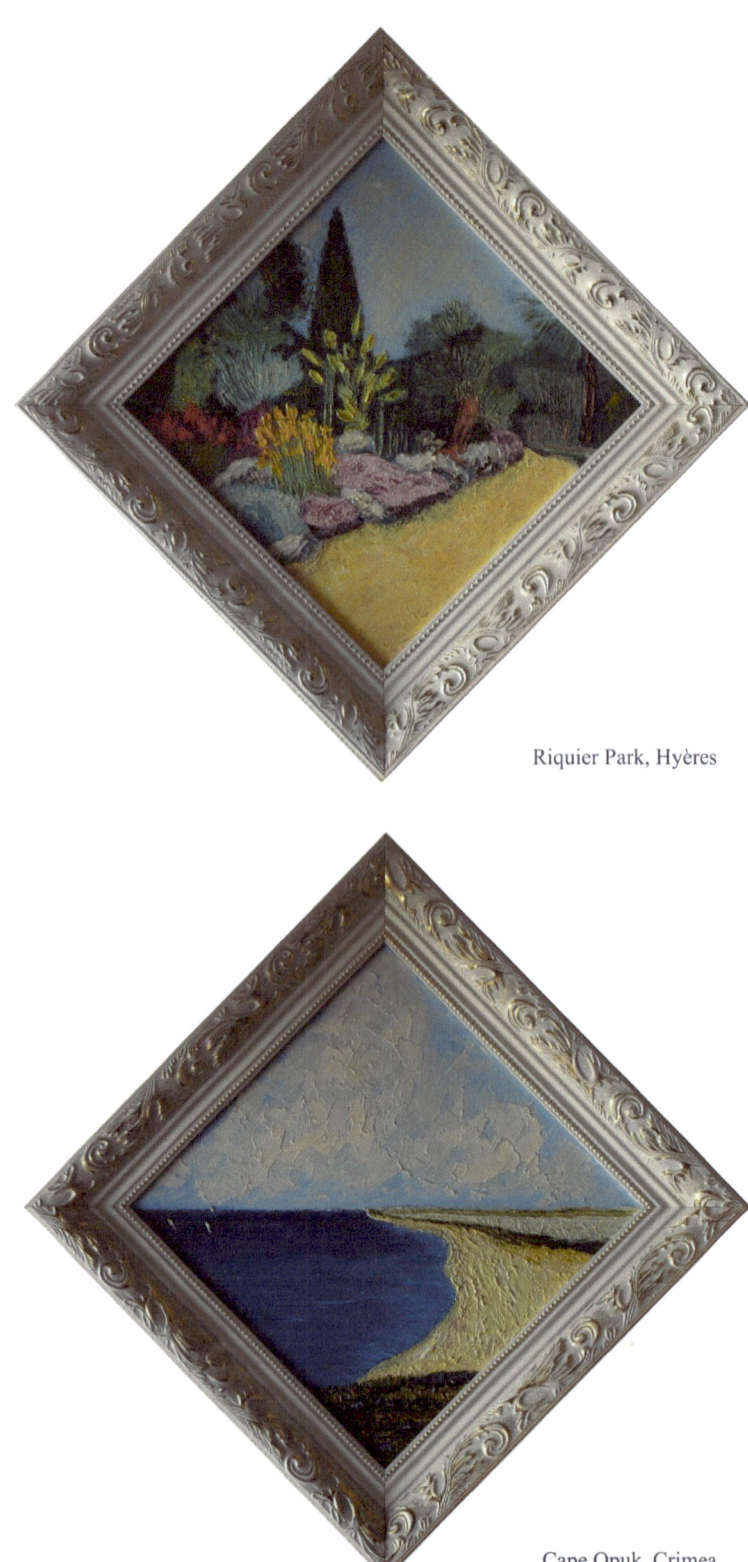

Riquier Park, Hyères

Cape Opuk, Crimea

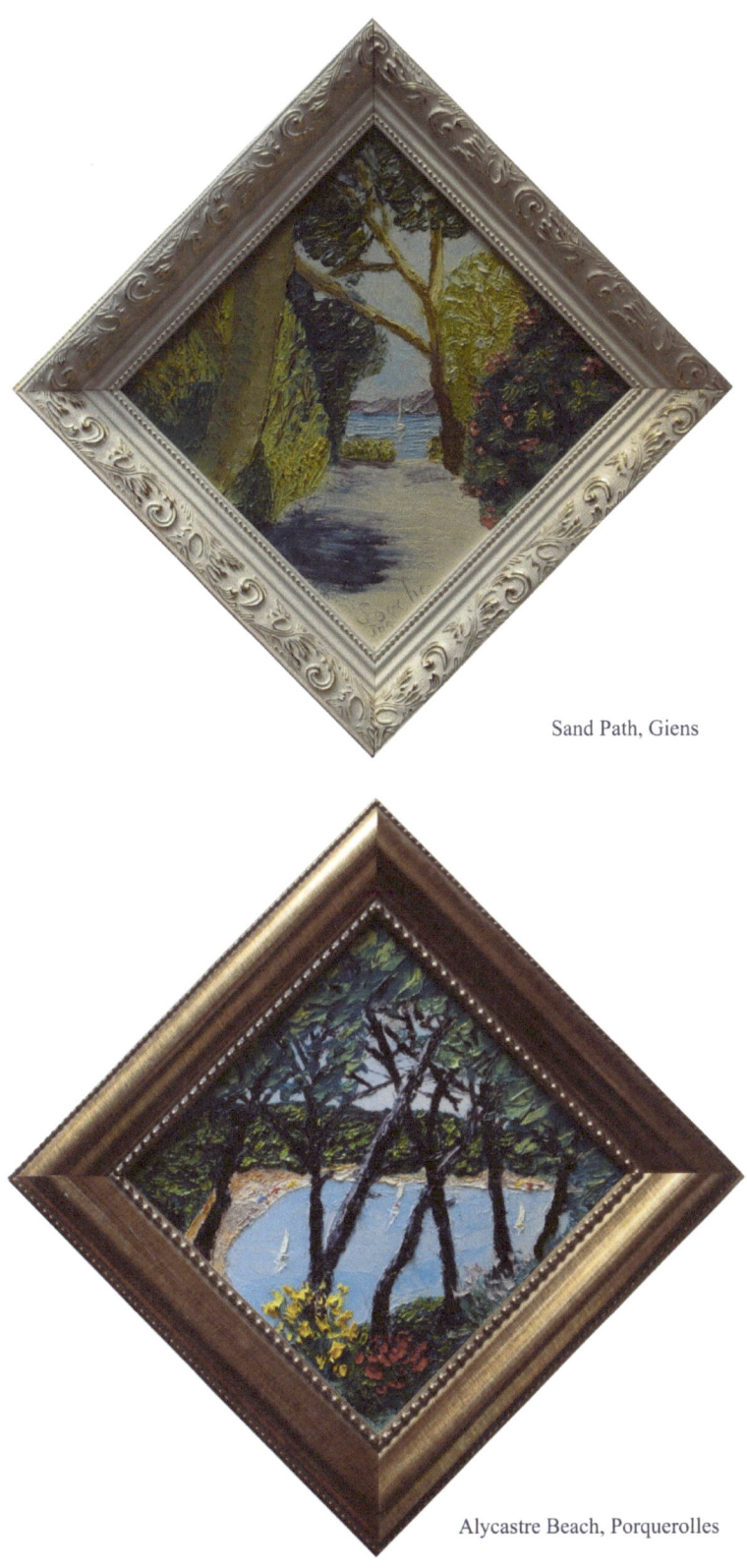

Sand Path, Giens

Alycastre Beach, Porquerolles

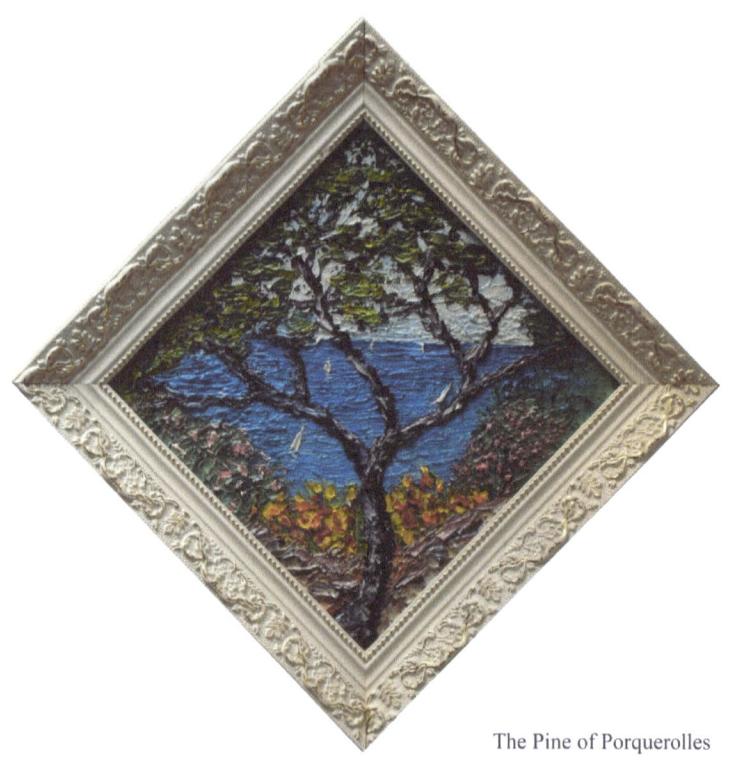

The Pine of Porquerolles

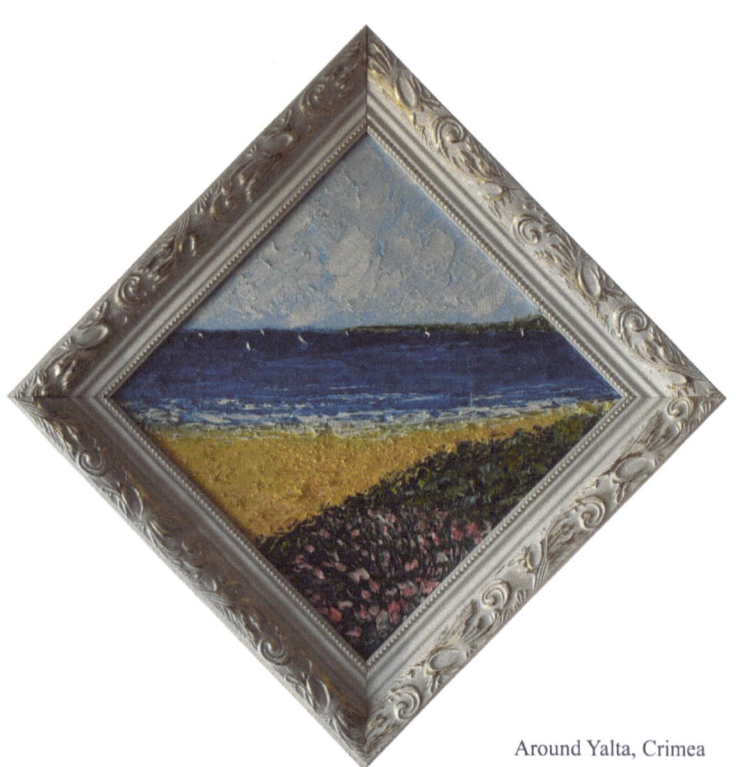

Around Yalta, Crimea

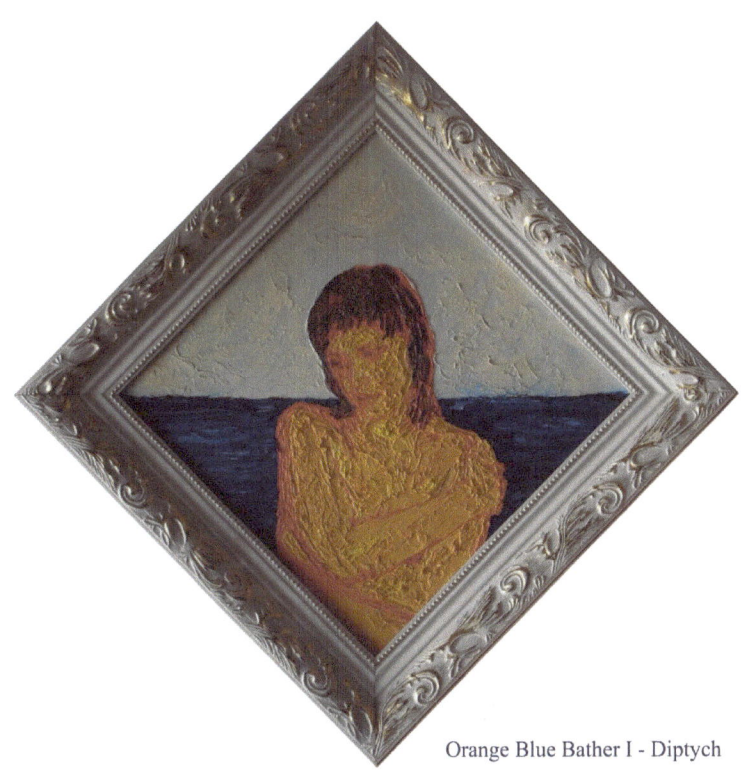

Orange Blue Bather I - Diptych

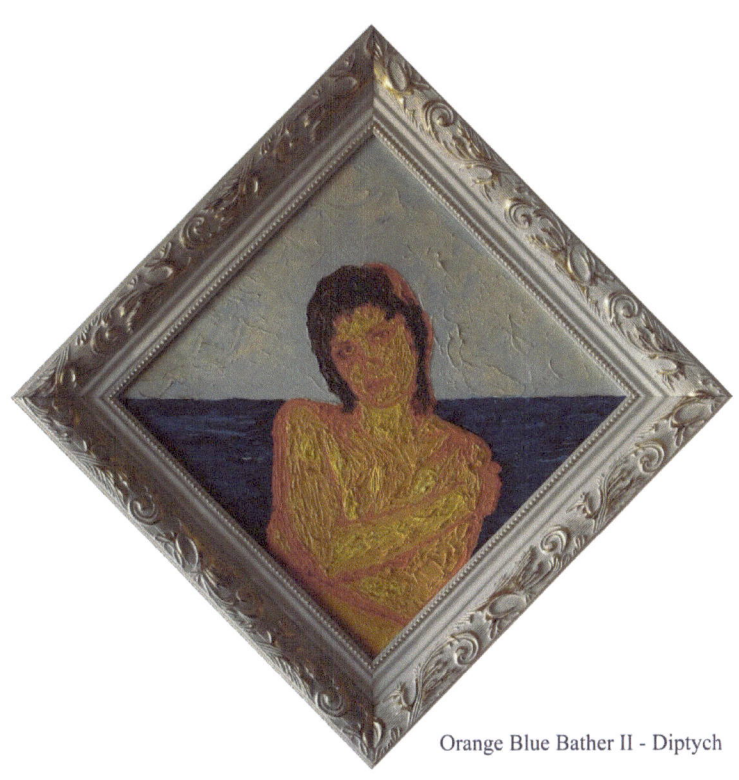

Orange Blue Bather II - Diptych

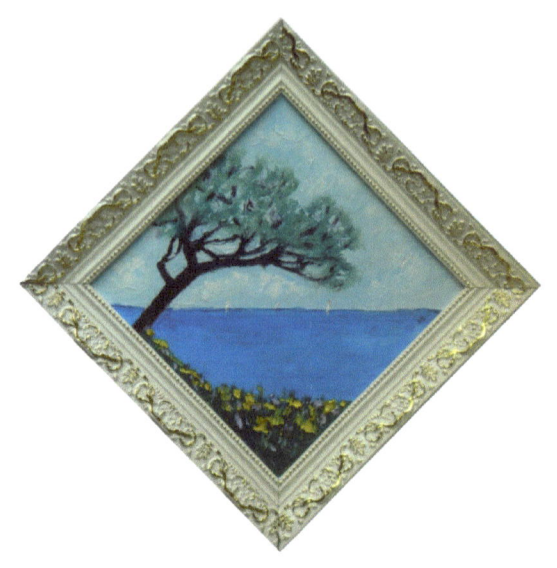

Lozengism as an Art Movement :

The Lozengist Manifesto

(Manifeste du Losangisme)

by

Jean-Michel René SOUCHE

French Artist

What is Lozengism ?

The Lozengist Manifesto

Lozengism is an Art Movement.

The 3 criteria that identify Lozengism are :

1 – The use of the Lozenge shape (Rhombus) in the place of the old classical rectangle shape.

2 - The use of figurative mean of expression only : what is expressed by the Artist refers to an identifiable Reality.

3 - The use of a Palette Knife oil painting technique,

By following these 3 criteria, the artist belongs to the Lozengist Art Movement. Through these 3 criteria, the Shape (Lozenge), the Theme (Figurative) and the Technique (Palette Knife), a painting can be considered as Lozengist or not.

Symbolic Approach of Lozengism

Fertility and Harmony instead of Materialist Imperfection is the main symbolic aspect of the Lozengist movement. While the traditionnal shape of Paintings, the rectangle, is symbolically linked to the Imperfection of our world and to the Materialism, on the contrary, the Lozenge shape represents the fertility : earth fertility and female fertility. Already existing during the Neolithic and Paleolithic period, the Lozenge shape can still be found, for example, in the Luba People's Culture in Central Africa. It is the triple Lozenge, or Cilamata.

As the Lozenge shape consists of two triangles, one down and one up, this geometrical symbol evocates also the earthy and the divine part of the Life and of the artistic Process. Because Materialism (the downward triangle) without Spiritualism (the upward triangle) drives only to Chaos, Lozenge represents the necessary unification, the essential complementarity which drives to Harmony.

Etymologic Approach of Lozengism

The greek word for Lozenge is "Rhombos". It means : something that spins. It suggests the idea of cycle, the cycle of seasons, the endless cycles of Nature and the eternal return of the same things. Therefore this idea of Eternity is linked to the Lozenge shape.

Esoteric Approach of Lozengism

The Lozenge shape is the gate that opens on the origin of Life.

Lozengism as an Art Movement

The Lozengist movement comes from the idea that Contemporary Art has to escape from the Materialist Imperfection - which is partially linked to classical rectangle shapes - in order to reach a complete Harmony.

Contemporary Art can expect a rebirth, a real Renaissance, from the artistic Fertility that the Lozengist movement offers. Because by the 3 criteria mentioned before, Lozengism opens the way to a complete new perception of Reality where the earthy and the divine parts of Creation tend to be reunited.

By changing the Perception of a Painting - because the Perspective is highly modified by the Lozenge shape - a new window is opened for Painters and, consequently, for Spectators.

Jean-Michel René SOUCHE

Odessa, 25 October 2012

Ромбизм как искусство движения: Манифест

Jean-Michel René SOUCHE

французский художник

Что такое Ромбизм?

Ромбизм - это искусство движения.
Три критерия, которые определяют Ромбизм:

 1 - использование ромбической формы вместо привычной классической формы прямоугольника.
2 - использование фигуративного средства выражения – это то, что выражает художник относительно к идентифицируемой реальности.
3 - использование мастихина в технике живописи

Следуя этим критериям, художник может относить себя к движению ромбического искусства. Картину из трех составляющих - форма (ромб), тема (изобразительная) и техника (мастихин) , можно считать принадлежащей к Ромбизму или нет.

Символическое значение Ромбизма

Рождаемость и гармония, а не материалистическое Несовершенство является основной символического аспекта движения Ромбизма. В то время как традиционная форма картины - прямоугольник, символически связана с несовершенством нашего мира и материализмом, то, ромбическая форма, напротив, символизирует плодородие: плодородие земли и возможность производить потомство. Уже существующую в эпоху неолита и палеолита форму ромба можно найти, например, в культуре Люба Народной в Центральной Африке. Это тройной ромб или «Силамата». Форма ромба состоит из двух треугольников, один углом направленный вниз и, другой, вверх. Этот геометрический знак символизирует воссоединение земной и божественной частей жизни и художественного процесса. Потому что материализм (треугольник вниз) без спиритизма (треугольник, направленный вверх) приводит только к хаосу. Форма Ромба представляет необходимое объединение, основу взаимодополняемости, которая приводит к гармонии.

Этимологическое значение Ромбизма

По-гречески слово «Ромбос" означает то, что вертится. Это наводит на мысль о цикле, цикле сезонов, бесконечных циклах природы и вечное вращение всего. Поэтому идея вечности связана с ромбической формой.

Эзотерическое значение Ромбизма

Ромбические формы символизируют ворота, ведущие к духовному возрождению жизни.

Ромбизм как искусство движения

Ромбизм, как движение, предполагает, что современное искусство вынуждено отойти от материалистического несовершенства, частично связанного с классическими формами прямоугольника для того, чтобы постичь полную гармонию.

Движение Ромбизма - возрождение и прорыв в современном искусстве, основанном, до настоящего времени, на эпохе ренессанса художественного стиля. Ромбизм открывает путь к совершенно новому восприятию реальности, где земные и божественные части творения, как правило, воссоединяются.

Изменение восприятия живописи ввиду увеличенной перспективы, модифицированной по ромбической форме - новое направление для художников и, следовательно, для зрителей.

Жан-Мишель Рене SOUCHE
Одесса, 25 октября 2012

Souche-paintings.com

www.ingramcontent.com/pod-product-compliance
Lightning Source LLC
Chambersburg PA
CBHW041621180526
45159CB00002BC/957